Ingeborg Bauer

VOM LEBEN UND SCHREIBEN

Lyrik von 1987 – 2022
eine Auswahl

AF205647

Ingeborg Bauer

VOM LEBEN UND SCHREIBEN

Lyrik von 1987 – 2022
eine Auswahl

Bibliografische Information der Deutschen Nationalbibliothek:
Die Deutsche Nationalbibliothek verzeichnet diese Publikation in
der Deutschen Nationalbibliografie; detaillierte bibliografische
Daten sind im Internet über http://dnb.dnb.de abrufbar.

Herstellung und Verlag: BoD – Books on Demand, Norderstedt

ISBN: 978-3-749-468-300

VOM LEBEN UND SCHREIBEN
Lyrik von 1987 bis 2022 – eine Auswahl

Was bleibt und warum ich schreibe

VOM SCHREIBEN UND DER SCHRIFT I

ABSTRAKTION UND FIGURATION

VOM SCHREIBEN UND DER SCHRIFT II

VOM FRAGMENT

VOM ICH UND DER WELT

VOM ICH UND DEM UNENDLICHEN RAUM

MNEMOSYNE – ERINNERUNG

VOM LEBEN

VON RAUM UND ZEIT

VON DER ZEIT

MEMENTO MORI

VOM TRÄUMEN UND VON TRAUMATA

WAS BLEIBT

VOM LEBEN UND SCHREIBEN
Lyrik von 1987 bis 2022 – eine Auswahl

Was bleibt und warum ich schreibe (2016)

VOM SCHREIBEN UND DER SCHRIFT I

Vom Schreiben und der Schrift (2003)
Spolien (2003)
Spurensuche (2000)
Sprache der Zeichen (2014)
Schriften – noch nicht entziffert (2017)

ABSTRAKTION UND FIGURATION

Abstraktion und Figuration I (2007)
Über Linie und Farbe in der Abstraktion (2009)
Zu Adolf Hölzel: Abstraktion (2004)
Abstraktion und Figuration II
Linien-Schrift (2014)
Mysterium der Zeichen (2013)
Kykladen-Idole (2012)
Paul Klee und die Abstraktion:
„Anfang eines Gedichts", 1938 (2017)
Das Wort (1999)
Die Haut der Worte (2007)
Hinter dem Wort (o.J.)
Worte (2002)
Eisblumen am Fenster (2003)

VOM SCHREIBEN UND DER SCHRIFT II

Das weiße Blatt (2021)
Vom Briefeschreiben ((2004)

Beim Lesen alter Briefe (vor 1997)
Annas Schrift (2005)
Ich (2007)
Unterschiedliche Charaktere (2005)
Handschriftlich I (2004)
Handschriftlich II (2004)

VOM FRAGMENT

Fragmente (2003)
Torso I (2001)
Torso II (englische Fassung) (2019)
Du sollst dir kein Bildnis machen (2002)

VOM ICH UND DER WELT

Ich (2004)
Das Ich als Nabe (2004)
Ich und Welt (2010)
Der Zugang zur Welt (1988)
Das Ich – sprachlos – wortlos (2003)
Innenansicht von Sprache (2004)
Wörter überformen Welt (2004)

VOM ICH UND DEM UNENDLICHEN RAUM

Das Ich und der unendliche Raum (2001)
Sternenstaub (2001)

Fossile Zeichen (2015 /2022)
Kein Stein gleicht dem andern (2022)
Das Aleph: *Spinnwebe Gottes* – Sternenpfad (1998)
Stern-Bilder
Der nächtliche Himmel (2006)
Letzte Fragen (2017)
Die Frage nach dem Ursprung (2003)

MNEMOSYNE – VON DER ERINNERUNG

wieder holen I (2007)
wieder holen II (2007)
Zum Zeichen verdichtet (2003)
Das Erinnern oder die zerronnene Schrift (1998)
Jenseits der Netzhaut (2009)
Paul Klee: Geheime Schriftzeichen", 1937
Über Vergessen und Erinnern (2004)
Über Vergessen (2020)
Über Vergeben und Vergessen (2004)
Erinnerungen (2004)
Mnemosyne oder das wiedergewonnene Gedächtnis
(2013)
Mnemosyne II (2015)
Immer wieder (2016)
Memorabilia I (2012)
Memorabilia II (2012)
Der lange Schatten der Kindheit (2017)
es lag mir auf der Zunge (2001)
Die Töchter der Mnemosyne (2002)
Grenzen der Mnemosyne (2012

VOM LEBEN

Wie das Laub der Bäume (2021)
Penelopes Teppichs (2005)
Lebens-Weg (1993)
Menschenleben
Zu Bildern von Jürgen Marose (2001)
Durchs Leben gehen (2015)
Zufall oder Fügung (1993)
Die Freiheit des Anfangs (2002)
so viele Arten durchs Leben zu gehen (2004)
Lebensweg und Lebenslauf (2005)
Zu den „Ungeschriebenen Büchern"
von Eberhard Freudenreich   (2002)
Von den Grenzen der Liebe (2002)
Sheherazade and story-telling (2002/2022)
Nach dem Besuch einer Aufführung von
Botho Strauß', „Die Ähnlichen":
der Stoff aus dem die Träume sind (1999)
Die Geburt des Trotzdem (2005)
Biografie (2021)
Warum (2004)

VON RAUM UND ZEIT

Mikrokosmos – Makrokosmos oder
die Fragmentierung des Seins
(zu Collagen von Rainer Storck) (2005)
Zwischen den Stühlen I (2002)
Zwischen den Stühlen II (2002)

Zimmerfluchten: angeregt durch
Bilder von Vilhelm Hammershøi (2002)
Ruinen der Vergangenheit (2016)

VON DER ZEIT

Warten (1996)
Lange Weile (2007)
Das Raster der Zeit (2016)
Es gibt Tage (2016)
Damals (2017)
Tempus fugit (2002)
Gedächtnislücken – oder
das abgelegte Gedächtnis (2002)
Zeit fließt (2004)
Zur Jahreswende I (2001)
Zur Jahreswende (2002)
Vor einem runden Geburtstag (2003)

MEMENTO MORI

Alter und Tod (2012)
Gedenksteine (2003)
Zu einem griechischen Grab in Paestum (2008)
Auf griechischen Stelen (2002)
Tod im Leben (angeregt durch Bilder von
James Sydney Ensor) (2005/2011)
Der Tod der Mutter (ausgehend von einem
Gemälde von Edvard Munch) (2011)

VON TRAUM UND TRAUMATA

Von der Hoffnung (2012)
Im Schatten der Zeit (2021)
In the shadow of time (englische Fassung) (2021)
Von Horizonten (2017)
Träume (2003)
Ein Traum: Reisen ohne Gepäck) (2005)
Des Nachts die Träume (vor 1997)
Sternschnuppe (1989)
Weltengeflecht (1987)
Traumata (2003)
Kindheitstrauma (2021)

WAS BLEIBT

Bodensee (1991)
Überlinger See (1991)
Tropischer Sommer
Gute Wünsche I (1996)
Gute Wünsche II (1996)
Glück (vor 1997)
Once in a blue moon (2002)
Eine Vorstellung von Glück (2005)
Eine Schale voller Segen (2010)
A bowl of grace (englische Fassung) (2016)
Was schön war heute (2021)
Was bleibt
(zum Werk von Cy Twombly) (2009)

„Dass das Gedächtnis
unser ganzes Leben ist"
Luis Buñuel

... im Bernstein enthalten
die Tränen der Bäume ...

Was bleibt
oder warum ich schreibe

Es bleibt uns vielleicht
irgendein Baum und
die Straße von gestern *)
wenn wir Bilanz ziehen
über unsere Tage –
und vielleicht kommen
Worte über unsere Lippen
an die wir unbewusst
schon immer geglaubt
haben, springen wir
über den eigenen
Schatten und spielen
mit den Schlangen
verlieren die Furcht
vor dem Unsagbaren.
Die *Straße von gestern*
und der *Baum*, mit dem
wir uns identifizieren
mit seinen Wunden
und Kerben, seinen
Verletzungen, die er
überstanden, überlebt –
unsere Kindheitsmale
die ungewollten Spiele
das Hüpfen zwischen
Himmel und Hölle und
die Augen-Blicke
die unvergesslichen
gilt es zu bewahren.

*) R.M. Rilke, 1. Duineser Elegie   Am 13.5.2016

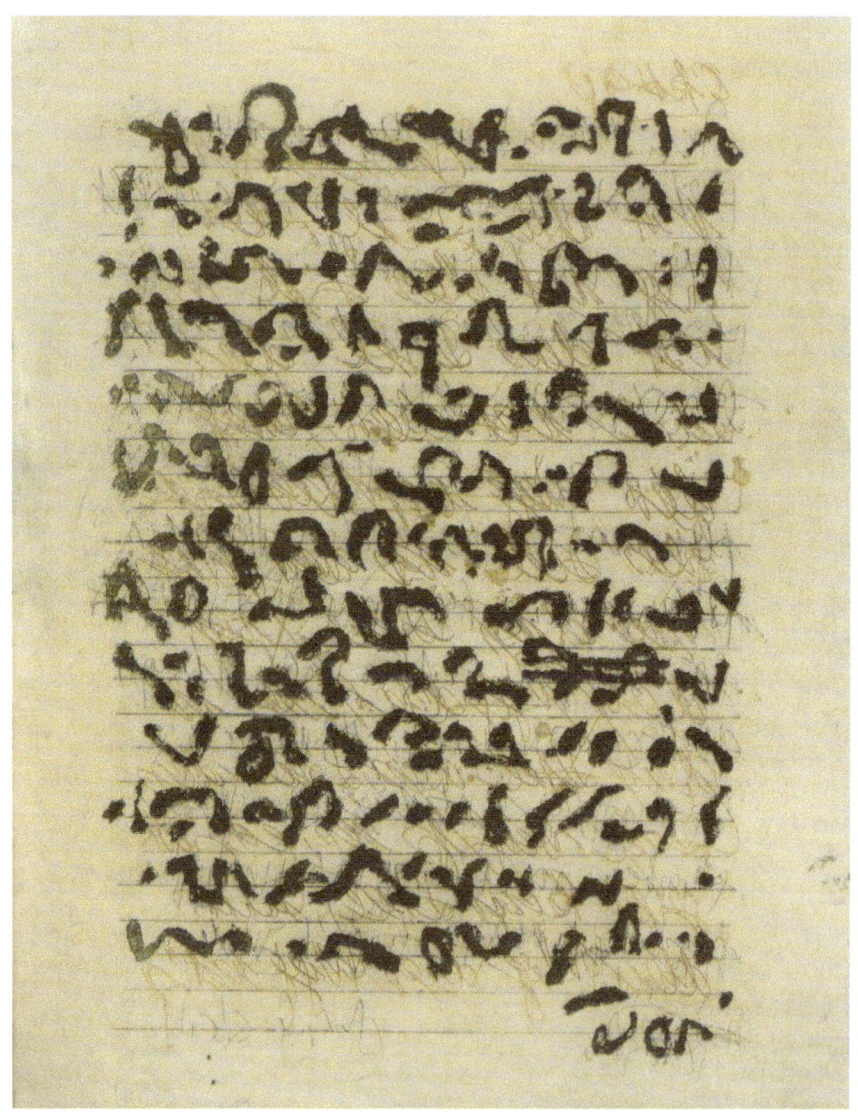

Vom Schreiben und der Schrift

Der Gedanke
das Gefühl
muss sich in die Zeichen fügen
sich messen lassen
sich den Wörtern entgegenstemmen
so dass kein Ertrinken
im Schwall der Worte
kein Untergang
im Sturm der Bilder
zu beklagen sei.
So gleicht Schreiben mitunter
Jakobs Kampf mit dem Engel.

Über das Blatt
fließt Tinte
in der Feder
das Rauschen des Windes
Nachklang der Syrinx –
die Hand gleitet
in Mäandern voran
nach oben und unten
das Gleichgewicht
haltend
die Tinte trocknet
zum Zeichen
Herzblut verblasst
unter der Haut
der Weg geht
nach innen.

2003

Spolien

mit dem einen Wort
der einen Silbe
dem übernommenen Reim
Worte herausgelöst
aus einem fremden Text
eingefügt in einen
fremden Rhythmus
Ornament im Flickenteppich –
Reliquie im Requiem

Spiel wird Ernst
der Zufall wird dir
in den Schoß fallen
der Samen aufgegangen
vom Wind aus anderen
Zeiten getragen –
ungereimt
mit Reimen spielen
auf Flöte und Leier

2003

Spurensuche

Farbe und Form
rudimentäre Zeichen
verwaschen
verwischt
überzeichnet
als wären sie vergessen
zwischen Moos und Flechten eingegraben.

Zeichen unter die Haut geritzt
schmerzend
dem Zufall
oder auch nicht
überlassen.

Ein Anwachsen der Worte
ein Aufsteigen in den ockerfarbenen Himmel
urzeitlicher Höhlen –

Spurensuche
Annäherung der Worte
an den fast verlorenen
Sinn dieser Zeichen.

2000

Sprache der Zeichen

In die Sprache
der Zeichen
eingebettet
die Gebärde –
Leben verschlüsselt
in Abbreviaturen
angenähert
an eine Identität
die geprägt
von Einbrüchen
des Schicksals
tief empfundener
Aussichtslosigkeit
in der Kindheit
verwurzelter
Ängste.

2014

Schriften – noch
nicht entziffert

Zeichen
unlesbar
unverstanden
die Worte, der Sinn
und doch betören
bezaubern
fesseln sie –
die Schrift, die nicht
lesbar und so ihr Geheimnis
behält, vergleichbar
einer Person, deren Wesen
verborgen, ein Mysterium
bleibt – in solchen Zeichen
steckt etwas vom Wunder
vom Sternenstaub
der letztendlich
den Menschen geboren.

2017

Abstraktion und Figuration

Abstraktion und Figuration I

Aus dem Gewirr der Linien
schält sich die Form
aus dem Bild
wächst das Zeichen
aus dem Amorphen
entsteht eine Welt.

Wenn die Form sich
der Figuration verweigert,
so bleibt sie doch verhaftet
den Dimensionen unserer Welt.
Nicht auszulöschen sind
die Erinnerungen des Ichs,
die sich der Farbe, der Linie
anvertrauen, einem Rhythmus,
der Raum und Zeit angehört
und Konturen zeichnet
an die Stelle der Figuration –
und diese abstrakte Welt
löst Empfindungen aus
und Gefühle, die
der Betrachtende
in seine Welt überträgt.
So gesehen rückt das Abstrakte
in die Nähe der Figuration,
verliert sich der Widerspruch.

2007

Über Linie und Farbe in der Abstraktion

Das Rationale der Linie
ihre Winkelzüge
ihre Wellen und Kreise –
es kommt zu Berührungen
Überschneidungen
einem Ausformen von Raumsegmenten,
die das weiche Warme
und das harte Kalte
in tangentialer Berührung treffen.
Schnittflächen schaffen Räume,
die eine Spannung zwischen
Hell und Dunkel auspendeln,
die einem Entweder-Oder
das Sowohl-als-Auch
entgegensetzen –
das Rationale der Linie
zeichnet sich ab
vor zerfließenden
amorphen Farbflächen, die
das Emotionale einbringen,
das sich der Gestalt verweigert
und an das Unsagbare
anknüpft.

2009

Zu Adolf Hölzel:
Abstraktion

aus Dunkelheiten
wächst der Baum
im Dämmerleuchten
knospen Farben –
Kontur entwickelt
neue Formen, die
stetem Wandel unterworfen –
ein tastendes Umkreisen
von Lebensvariablen
die sich im Allgemeinen
dämmernd gleichen

aus Dunkelheiten
wächst der Baum
steigt aus der Wurzel
fügt sich rankend
in das Rund des Rades
des Lebens Fülle zu umfassen –
doch an den Rändern lauert
ins dunkle Laub sich lehnend
schon die Vogelscheuche Tod
so dass im Licht der Farbe
ihr Gegenpol das Dunkel
droht

ach, wieviel Farbe
steckt im Sand der Meere
in all den Steinen
strömend in der Flut
und wieviel Formen
fließen auf dem Wasser
das den Kosmos spiegelnd trägt

und so formt Farbe
Flächen, schafft Konturen
umspielt im Rhythmus
der Gezeiten runde volle Form –
wird aus dem Abbild Sinnbild
verdichtet sich in Abstraktion

2004

24

Abstraktion und Figuration II

wo sich Wolken und Meer
berühren   wachsen die Geister
Phantome steigen aus der
Welt von Luft
und Wasser   Hexen reiten
über den Horizont   Ängste
bäumen sich auf
überschlagen sich mächtig –

selbst das Licht
seiner Reinheit beraubt
schwingt sich auf zu
furchterregenden Gebärden
und fratzenhafte Gesichter
schauen dich an

phantastische Räume
liegen auf der Metaebene
der Albträume
von Goyas Caprichos
von den Monstern des Niederländers
auch von Grünewalds dunklen Engeln –
sie setzen Psychisches
um ins Figurative –
die große Abstraktion
ist Vexierbild –
die Lichtgestalt des Engels
erspüren in Spuren
einer sich materialisierenden
Manifestation – verdeckt
verhüllt unter geschichteten
Albträumen verborgen.

Wie sich die menschlichen Formen
doch einschleichen
wie die biomorphe Gestalt
sich über das scheinbare Chaos legt
und ständig Metamorphosen bewirkt
Vexierbilder von Körpern
von Gesichtern, die sich
ins Unendliche fortzusetzen scheinen,
die dich anblicken
und dir folgen
auch wenn du dich abwendest –
du begegnest ihnen immer aufs Neue
diesen halb bekannten Gestalten.

undatiert

Linien-Schrift

Die Linie am Beginn
und am Ende –
aus der Linie entwickelt
sich die Welt der Objekte
schwillt die Landschaft
mit ihren Horizonten –
auf der Linie entsteht die Schrift.

Reduktion – Abstraktion –
ein In-sich-Versinken
und ein Wachsen
Sich-Auf-Falten.

Linien können
die Farbigkeit der Welt
abbilden, im Auge
des Betrachters
Emotionen
entstehen lassen und
Texte, eine Biographie.

2014

Kykladen-Idole

Metaphern des Menschseins
aus weißem Marmor geschnitten
Verdichtung des Lebensgrunds
des Einzelnen im Allgemeinen.
Das Gesicht denkt die Gedanken
in Klängen von Orpheus' Leier
enigmatisch intonierend die Träume
und Sehnsüchte menschlichen Soseins.
Schneeweiße Figuration einstmals bemalt
mit über den Körper verteilten Augen –
perspektivische Weitsicht verbunden mit
apotropäischer Absicht, begleitet
von einer in Chiffren gekleideten Trauer –
Wachstumsschmerzen und Glücksversprechen
erhoffend sind diese Figuren Metaphern
für das Menschsein schlechthin.

2012

Mysterium der Zeichen

Köpfe – Figuren
seit der Steinzeit schon
das Mysterium der Form
schwankend zwischen
Abbild und Symbol
schwebend agierend
und verwoben zum
lückenhaften Mythos
so dass nur ein Vermuten
dem Rätsel gegenüber
bleibt: die Verwirrung
der Sprachen spiegelt
das Babel der Zeichen
das Monade-Sein
des Einzelnen.

2013

Paul Klee und die Abstraktion –
Anfang eines Gedichts, 1938

Ein Gedicht beginnt in der Mitte
im Kern, der Nabe des Rades
und wächst nach außen –
befreit von vorgefassten
Pfaden tanzen die Zeichen
scheinbar planlos
einem unbewussten
Drange folgend –
sich verbindend
mit der Welt der Dinge
sich anbiedernd
sich distanzierend
sich wandelnd in
eine chiffrierte
Bildersprache –
es bleibt eine Verortung
eine Verwurzelung
in den Dingen.

2017

Das Wort

Das Wort
das ungehört verhallt
das eingeritzt dauert
wo es verletzt hat
wo es traf zur Unzeit
das falsche Wort
das Wort geboren aus Ungeduld
und eigener Verletztheit,
das Wort –
das, wie im Japanischen
ungesagt in den Leerstellen
zwischen den gesprochenen Worten schwebt
das ungenaue Wort,
das Vage, das sich anreichert
mit dem vielleicht Gemeinten
dem Nicht-Gemeinten
dem vermeintlich Gemeinten –
die Schuld, die erwächst
aus dem Ungesagten
das Ver-Sagen aus Mangel an Mut –
das Risiko des Sagens und des Verschweigens
und Rilkes: *Ich fürchte mich so*
vor der Menschen Wort.

1999

Die Haut der Worte

Die Haut der Worte
ihre glatten Oberflächen
gilt es zu durchstoßen.
Unter die Haut fahren
Tiefe ausloten
aufdecken, was mitschwingt
wenn ich Leben sage,
Liebe oder Tod,
wenn ich dem Augenblick folge
dem Händedruck, der Umarmung.
Die Worte aus ihrem Schattendasein erlösen
ihren Körper fühlen
ihre lebendige Gestalt.

2007

Hinter dem Wort

Dem Wort auf den Grund gehen
die Ebene hinter dem Wort betreten
behutsam und
auf Zehenspitzen
sich hüten vor vorschnellen Schlüssen
und Eindeutigkeiten.
Verharren beim Ahnungsvollen
Sich-Einlassen auf Chiffren
aufs Schauen:
Eindringen in die Farbfelder, die Schlieren,
in den labyrinthischen Raum
der Psyche.

undatiert

Worte

über Worte stolpern
an Worten sich stoßen
sich an ihnen berauschen
sie belauschen
sich ihrem Klang
öffnen
rühren an
ihren
verborgenen
Sinn

2002

Eisblumen
am Fenster

Eisblumensegel
moos- und flechten-
behangen
in den Wellen
vertäut
wild und bewegt
Meer und Wolken
Nadelwerk
weißer Spitzen
übers Wasser wandeln
in den Tag

langes
sprödes
Haar
bis weit
in den Nacken
die schmalen
Schultern
einer
auf-
begehrenden
Nymphe

2003

VOM SCHREIBEN UND DER SCHRIFT II

Das weiße Blatt

Das weiße Blatt
füllt sich mit
kleinteiligen
Zeichen.

Von außen
strömen Farben
Figuren, Objekte –
Grünes und Blaues.

Im Spiegel des
Fensterglases
verschwimmen
die Formen.

Das leere Blatt
füllt sich
mit bunten
Steinen
Splittern
auf der Suche
nach einer Ordnung
die Sinn macht.

2021

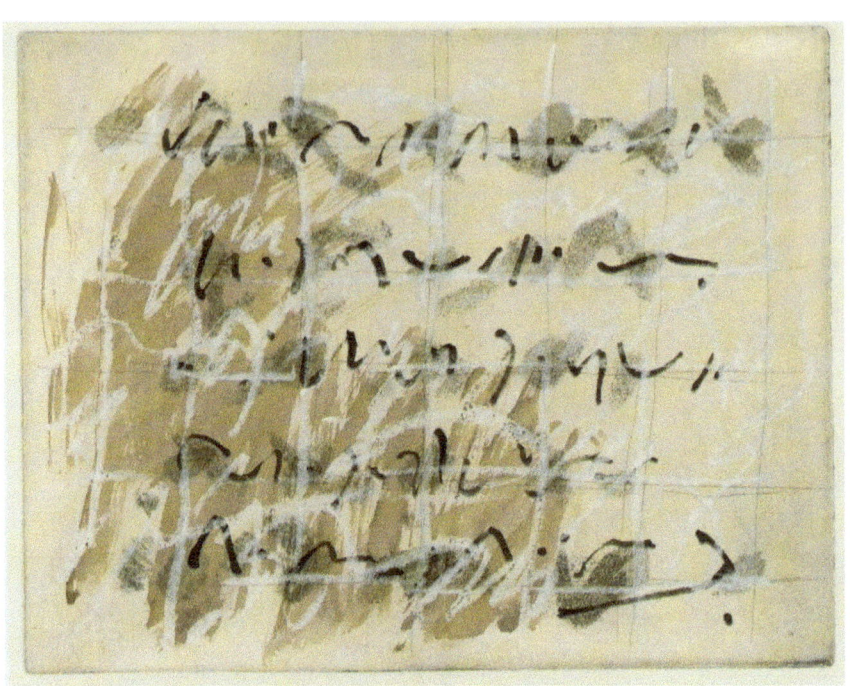

Vom Briefeschreiben

Zeichen gesetzt
wie Perlen aneinander gereiht
Perlen, die durch die Finger gleiten
in rhythmischer Folge
ein Geländer für Gedanken –
bis die Kette abbricht
die Worte auseinander fallen
und du allein stehst –
allein – mit deinen Zweifeln

zwischen den Worten
all das Ungesagte
das in der Schwebe
den Raum füllt –
den Raum
um die gesetzten Zeichen

der verlorene Faden
die Vereinsamung der Wörter
Gedankensplitter
Wortfetzen
ein Zerfallen der Struktur
verträumt
versponnen
zerbrochen

Zeichen gesetzt
wie Perlen auf eine Schnur gereiht
dem Gang der Gedanken folgend
einem Rosenkranz gleich
einer Gebetskette –

bis plötzlich die Bewegung gefriert
die einzelnen Gedanken
wie Perlen aus der Kette
die einzelnen Worte
zu Boden fallen
und sich schamvoll verkriechen

2004

Beim Lesen alter Briefe

Sich in Worten verstecken
sich mit Worten bedecken
sich von Worten distanzieren
sich in Worten bewahren
sich nicht verlieren.
Und es dennoch sagen
es wagen -
und wieder verhüllen.

Worte sind Signale
Worte sind Verstecke –
versteckte Signale.
Wo ist der Schlüssel?

Worte sind Verstecke
nicht immer eine Daunendecke
eher eine Dornenkrone
die ich trage
wo ich wohne.
Worte sagen
ertragen
es wagen –
Worte verhüllen
verdecken
erfühlen -
Worte einmal geschrieben
sind mir verblieben.

vor 1997

Annas Schrift

das Gewebe wird dem Härtefall
nicht standhalten, fürchte ich –
wenn es nur die Durchlässigkeit wäre!
Zu viele Fäden sind gerissen
zu viele Maschen fallen gelassen
auch das Verhäkeln des Saumes
rettet nicht mehr.
Die Mittelzone kann dieses Ich
nicht tragen. Die Beine hängen
in der Luft, berühren den Boden nicht.
Und dieses In-sich-Kreisen, das
sich zu überschlagen droht.
Diese unzuverlässigen Bewegungen
könnten dich straucheln lassen.
Ach, Anna!

2005

Ich

Wenn die Schrift sich zum Ornament fügt
kalligraphische Klimmzüge meistert
und Netze auswirft
Fußangeln legt
Lassos auswirft
wenn in die Ordnung der Zeichen
das Chaos der Individuation dringt
wenn sich das Allgemeine
dem Gesetz unterworfene
lockert und löst
sich zum Einmaligen fügt –
dann begreifen wir
das Ausmaß des Wortes *Ich*.

2007

Unterschiedliche Charaktere

In der mittleren Zone
wo man Stabilität vermuten sollte
erschien alles ohne Substanz
einer Luftspiegelung ähnlich
die sich als nie ganz fassbare Gegenwart
zwischen Vergangenheit und Zukunft
schob.

Oben und Unten hatten sich
wie tektonische Platten
übereinander geschoben
und verkeilt
in einer schwer zu fassenden
Wirklichkeit.

2005

Handschriftlich I

die Tintenspur
auf dem Blatt
in den Raum
gesetzt
wenn du anhältst
trocknet die Feder

in den Formen
schlägt sich nieder
was du unbewusst
mit dir trägst
zwischen Abwehr
und Anpassung
verborgen

Bewegung in Raum
und Zeit wird zur Form
zu Schrift und Bild

die Tintenspur
auf dem Blatt
rhythmisch
in den Raum
gesetzt
so schlägt sich nieder
die zerrinnende Zeit

der Herzschlag als Takt
hält das ungestüme
Vorwärtsdrängen
das zögernde
Innehalten
deiner Tage

die zerrinnende Zeit
wird zum Bild

2004

Handschriftlich II

ein Netz
geknotet aus Zeichen
bewegt
in sich ruhend
vorwärts schreitend
rückwärts gewandt
sich in eine Landschaft fügend

Vokale
die in sich ruhen
ins Volle greifen
ein Wiegenlied
aus blauen Tönen

und Konsonanten
die sich leicht verhaken
ihre Antennen ausstrecken
Wurzeln bilden
Schlingen legen
Vergessenes
einfangen
und dann
diese filigranen Fäden
die sich an den Raum verlieren

ein Netz geknotet
aus Zeichen
sich zu einer Seelenlandschaft
fügend

2004

VOM FRAGMENT
Fragmente

Ein zerrissenes Foto
ein Bruchstück
eine Scherbe -
und doch sprechen Teile
immer vom Ganzen
mutmaßen über
ihre Vollendung.

Erinnerungsfetzen
tauchen auf in den Wellen-
kämmen unserer Träume
gleiten über den Horizont
des Schlafes –
auch wenn sie versinken
sind sie noch bei uns.

Erinnerungsfolien
eine über die andere gelegt
Annäherung an
eine begrenzte
Wahrheit.

Mehrfach belichtete Bilder:
so werfen Ereignisse
Schatten auf Orte auf Momente
die nichts voneinander wissen.
So findet Entferntes
zur Nähe.

2003

TORSO

dass gerade der Torso die größere Freiheit vermittle
dass die Gesichtslosigkeit aus der Begrenzung befreie
dass die eine große Geste sich zum Allgemeinen hin
verdichte
dass der Torso auf dem Weg sei zu einer neuen Schöpfung
zu einer Abstraktion, die die Vereinzelung aufhebe
die abhebe von der Trennung
durch die Konzentration auf das Wesentliche
dass mit der Auflösung eine Einbettung einhergehe –
der Torso also
ein Stück Einsamkeit
hinter sich lasse –
dass das Fragment
so zum Traum
zur Utopie werde

Torso –
Verdichtung der Sprache
des Körpers
Verschlüsselung
zur Chiffre
Bündelung der Kräfte
Nähe zum Pulsschlag.

Marmorne Haut
die Außenwelt
auf den Körper projizierend
ihr Brüchigwerden
ihre Verletzlichkeit:

die Achillesferse
als Bruchstelle
und
Synapse
zum Raum.

2001

TORSO

that the torso should convey the greater freedom
that the missing face should give greater scope of
meaning
that a single gesture should give a wider interpretation
that the torso should initiate a new creation and
should lead to an abstraction that eases the isolation of
the individual
ending separation by concentrating on what is essential
that fragmentation should lead to a form of integration
that the torso may remove loneliness
that the fragment becomes a dreamlike reality
a utopia

Torso –
reducing body and language
towards the essential
becoming a cipher, a code
focusing all strength
near the heartbeat

Skin of marble
the outside projected
on the body
becoming brittle and fragile

vulnerable
like the Achilles' heel
at the point of fracture
and at the same time
opening up
to space

Du sollst dir kein Bildnis machen

es spricht etwas
für die Gesichtslosigkeit
der Götter
der Torso ermöglicht die Utopie
das Gesicht trägt die Spuren
des Zufälligen
der Einsamkeit
der Vereinzelung -
dem Torso allein
gelingt der Traum

2002

VON ICH UND WELT

Ich

das Ich als Projektion
fällt auf die Nabe
unserer Jahresringe
breitet sich aus
sprengt die Grenzen
wird schmal
schrumpft bis zur
Unkenntlichkeit
verliert sich
im Raum –
der Strich breit
teigig porös
wird zur Fläche –
wenn die Linie
verblasst   sich verliert
zerdehnt   ausgehöhlt
auseinanderbricht
wenn der Duktus
groß weit und schwer
laut wird und auftrumpft
wenn dieses Ich
rückwärts oder
vorwärts gewandt
nahe oder ferne rückt
bleibt das Ich Projektion
an die wir uns halten
hinter der wir uns verbergen

2004

das Ich als Nabe

irgendwo zwischen
den labyrinthischen Wegen
der Spinnwebe und
der glasklaren Kristallisation
verdichtet sich
das Mandala
deines Herzens –
Jahresringe
um die Nabe
gelegt
den stillen Punkt
deines Ichs
um den das
Rad kreist

2004

Ich und Welt

Schwingungen
treffen aufeinander
von außen
von innen
überlappen
erfordern
Balance –

von einer Mitte
ausgehend
Fühler aussendend –
Dichte und Intensität
in Einklang bringen
mit zartem Beginnen –
geduldig
gelassen
warten können –

Annäherung
auf blauem Grund
und Wärme zulassen
und Nähe
ohne den Kern
der Spirale
die Nabe des Ichs
aus den Augen
zu verlieren.

2010

Der Zugang zur Welt

Der Zugang zur Welt
die Annäherung an die Dinge
das Erkennen von Konturen unter dem Schleier

Fingerzeige wahrnehmen in Spalten und Rissen
den Dingen ins Gesicht
den Menschen ins Auge schauen

hinter dem Bild das Eigentliche erkennen
schauen –
für Augenblicke begreifen und
die Hand in die Wundmale legen

der Zugang zur Welt
über die Dinge
über die Menschen
über das Auge
das Ohr die Hände
die Zunge den Mund
den Tanz der Glieder

Was wäre der Mensch
wenn ihm Hören und Sehen verginge
er auf den Mund gefallen
ihm nichts mehr auf der Zunge läge -
wie das Leben leben
den Tod vor Augen
ohne die Sprache,
die über den Einzelnen und
den Tag hinausweist?

1998

Das Ich – sprachlos – wortlos

keine Sprache haben
keine Sprache sprechen
nicht kommunizieren
kein Miteinander
und doch auch kein
Ohne-den-Andern-Können –
immer nur Wörter
die über die Oberfläche gleiten
ohne Spuren zu hinterlassen
auch ohne auf Widerstände
zu stoßen   Wörter
die dich nicht berühren
Wörter   die über die Tischkante
rollen   auf den Boden stürzen
und bestenfalls unter den Teppich
gekehrt sich nicht verbinden
sich nicht zu einem Stoff
weben lassen   mit dem sich
zu bekleiden das Herz erwärme

2003

Innenansicht von Sprache

Sprachinnenräume betreten
die Rinde durchbohren oder aber
eindringen über Astlöcher
Wundmale und aufgeweichten Schorf
die Jahresringe durchstoßen
vordringen in Vergangenes
die Raumtiefe ausloten
Stimmschwankungen und
Klangdifferenzen wahrnehmen
weniger am Wortlaut kleben
als Befindlichkeiten
belauschen Handschriftliches
Spiegelschrift oder geheime Zeichen
sich Zeit lassen ... warten
Geduld üben ... das Wesentliche
erspüren lernen –
eine Zusammenschau von
Innen und Außen – versuchen
ein Ganzes zu sein.

2004

Wörter überformen Welt

Wörter
überformen
Welt –
drücken ihr
einen Stempel auf
indem sie
etwas benennen
heben sie es
unter anderem hervor.

Einen Namen zu haben
bedeutet zu sein
einen beim Namen
zu nennen ist Macht
und Ohnmacht zugleich
schafft Nähe oder Distanz.
Wenn ich etwas benenne
kann ich es aus mir
herausstellen: es wird
zum Objekt.
Es steht mir frei
es wieder ans Herz
zu drücken.

Wörter
überformen
Welt – *im Anfang*
war das Wort.

2004

DAS ICH UND DER UNENDLICHE RAUM

„Wir sind mit dem Unsichtbaren mehr
verbunden als mit dem Sichtbaren." Novalis

Wer sprach von Anfang und Ende?
Tragen wir nicht in uns
die Sehnsucht
nach Überwindung des Todes -
wollen wir nicht kreisen
um die Nabe
unserer Mandalas
uns ergehen in dem
auf Unendlichkeit angelegten
Geflecht der Sterne?
Das Ornament gleicht dem Firmament
bringt Ordnung
in die Verwirrung der Geister –
der Faden der Ariadne
suggeriert einen Weg
durchs Labyrinth
von Denken
und Handeln.
Der Rhythmus der Sprache.
Die Folge der Wörter.
Der Punkt am Ende des Satzes –
ein Innehalten
ein Atemholen
eine Zäsur:
nur der Einzelne stirbt –
was bleibt
ist der unendliche Raum.

2001

Sternenstaub

Blau erinnert
an unseren kosmischen
Ursprung –
der blaue Planet
das Blau von Himmel und Wasser
die unermessliche Tiefe
die unvorstellbare Weite –

Blau trifft auf das Auge
und verbindet uns
mit dem Numinosen
dem kristallinen Ursprung –
mit Sternenstaub.

2021

Fossile Zeichen

Ammoniten
fossile Zeichen
versteinerte Metaphern
Lebensläufe.
Die Spirale, die sich öffnet
in den Raum, sich verdichtet
zur Nabe. Ammoniten
Chiffren für Menschenleben
die um den verborgenen
Sinn kreisen.

Der Stein aber ist
dem Ursprung
der Erde näher
verbindet uns
mit dem All.

2015 / 2022

Kein Stein
gleicht dem andern

Kein Stein
gleicht dem andern
sie sind alle Migranten
aus unterschiedlichen
Ewigkeiten und Räumen
abgetrennt vom Ursprung –
und nun einzig und allein.

Aus der Tiefe
kommend, wo sie
im Feuer geboren
stetem Wandel
unterworfen, zusammen-
gepresst mit anderen
und wieder abgespalten –
getrennt vom Eis
der Gletscher, vom
Wasser getragen und
gestrandet
an diesem Ort
wo mein Auge
sie in diesem Moment
erblickt.

2022

Das Aleph:
spinnwebe gottes - Sternenpfad

... aus dem immer aufs Neue
um seine Achse gespiegelten
Buchstaben A
ergibt sich das Unendliche
das Anfang und Ende umschließt ...

Arabeske
kalligraphische Zeichen
einer geheimen heiligen Schrift:
Linie
ohne Anfang und Ende –
die Schlange,
die sich in den Schwanz beißt
sich zum Kreis
zur Vollendung rundet –
labyrinthische Pfade
in einem Märchendickicht voller Wunder –
Spinnennetz
bezogen auf eine Mitte –
Sonnengeflecht
aus der Unendlichkeit der Sterne –
in der scheinbaren Geschlossenheit des Gewebes
Auflösung und Verschmelzung
Bewegung und unaufhörliches Kreisen:
Arabeske
blumenreiches Spiegelbild
einer aufs Äußerste gesteigerten Komplexität.

2000

Stern-Bilder

die Araber
liebten die Arabeske
das unendliche Weben
den Wandel
des Immergleichen
das zum Firmament anwachsende
Meer von Sternen –
in Stein geschnitten
sind die Sternenmuster
ineinander verflochten
wie die floralen Motive,
die in ihrer abstrakten Form
zur Kalligraphie mutieren –
dem Lebensbaum, der schon
in der Wurzel den Sternenhimmel
als Flechtwerk enthält und
sein Rhizom im Himmel spiegelt –
so werden Bilder zu Zeichen
einer Botschaft, die sich
wortlos mitteilt –
und dennoch
ist der Rahmen gesetzt
durch die Schrift
die Vielfalt fassend
in dem Einen.

Die Kuppel aus lauter Sternen
Stalaktitengewebe
und Honigwabe -
das Auge springt
unermüdlich
von Wabe zu Wabe

von Zapfen zu Zapfen –
von Stern zu Stern
zieht sich der Gedanke
der Schöpfung
als Sternengeflecht
über das Chaos der Welt –
zu ergründen die Ordnung
der unendlich
ineinander
verschlungenen Linien
in einem immerwährenden Kreisen
um den einen Punkt.

1998 / 2007

Der nächtliche Himmel

Die gelbe Spinne
sitzt im Netz der Gestirne
Wucherungen und Narben
breiten sich aus und verlöschen –
die gelbe Spinne
verkriecht sich mitunter
im Faltenwurf des Himmels
und fügt sich scheinbar
in die Ordnung der Sterne.

Die Rotation der Gestirne
Helligkeiten
auf nachtblauen Bahnen
vergitterte Räume
durchdrungen von
Lichtgespinsten und
maskenhaft
für Momente
der weiß-gelbe Mond.

Reduktion
der Spiegelung
auf dem lichtgewellten See.
Fein strukturiertes Gewebe,
in dem sich das Licht fängt,
eiförmig wolkig
gebärend
gleitet der Mond
über den See.

2006

Letzte Fragen

Aus dem Chaos wachsen
die Zeichen, die Chiffren
einer Ordnung –
wo wie wann warum aber
entsteht Ordnung?
Ist Chaos vielleicht
eine Struktur, die wir nicht verstehen
wie die Buchstaben, in den wild sich
ergießenden Formen einer
fremden Sprache, deren
Zuordnung, deren Verortung
uns verborgen bleibt?
Ist der Zauber der Zeichen
kurz bevor wir sie zu verstehen
meinen, nicht ein Letztes
das uns geschieht?

Ein *Buch mit Sieben Siegeln*
enthält paradoxerweise
die offenen Fragen des Lebens.
Nichthinterfragbares –
das Mysterium schlechthin.

2017

Die Frage
nach dem Ursprung

immer
wieder
das Rad
als Antrieb –
in den Speichen
Verströmen
der Kräfte –
der Versuch
eines Vorstoßes
zur Nabe
scheitert
am gespiegelten
Wort
Wahrheit
bleibt
Utopie

2003

wieder holen (I)

wieder holen
zurückholen
was verloren
versickert
verschwunden
verwunschen war –

das wiedergewonnene Bild
aber ist nur ein Abbild
das Gedächtnis
ist Metamorphosen unterworfen
spielerisch tückisch
verführerisch
eine Fata Morgana –
ein Bild verwandelt
verrückt an einen anderen Ort
in andere Netze verflochten
und wie Netze bestehend
aus Luft, lückenhaft
Freiraum schaffend
zum Atmen

2007

wieder holen (II)

Und *keiner steigt zweimal*
in den gleichen Fluss —
die Erinnerung ist ein Strom
der ablagert, verlagert
und mitreißt
und so eine Unendlichkeit
an Bildern hervorbringt
die komplexer oder rudimentärer
sich bis in die Abstraktion verformen und
strotzen vor unterschiedlichen Horizonten
einem Kaleidoskop nicht unähnlich –
oder aber monochrom
sich in einer einzigen Farbe und Form
verdichten.

2007

Zum Zeichen verdichtet

das zwischen
Erinnern und Vergessen
abgelagerte Sein
dringt in die Tiefe
und wird zum ureigenen
Mythos   genährt
vom kollektiven
Gedächtnis   das
fließend
fluktuierend
zuweilen
diese Zeichen setzt
die wie glühende
Lava erkalten

der Mensch
eingebunden in den Kreis
der Mensch
verdichtet im Rad
wird zum Antrieb
dieser Welt
ein Rollen
in der Zeit
das Herz als Nabe
das Herz
in dem der Puls
der Schöpfung
schlägt

2003

das Erinnern
oder
die zerronnene Schrift

Zerfließen von
Wasser und Wolken
der Vogelflug
als Keilschrift am Himmel:
Lichtreflexe
auf dem Wasser
Figuren im Sand:
die Fingerabdrücke
des Erinnerns
verschleifen
verschmelzen –
der in Lethe getauchte
Sinn verdichtet
leuchtet auf
und
ist schon
zerronnen
eingetaucht
untergetaucht
im Fluss der Zeit
verflüchtigt
verweht
zum vage erinnerten Zeichen:
Faszination
der verlorenen Schrift.

1998

Jenseits der Netzhaut

Manchmal gelingt es uns,
mit den Augen der Kinder
zu schauen, zurückzukehren
zu den unmittelbaren Zeichen
die den Kosmos der Kindheit
erschließen. Chiffren, die mehr
bedeuten als die ungelenken
Striche, die uns erinnern an
eine Welt hinter dem gedanklich
Fixierten, die, ganz Empfindung
sich im Schauen
von Bildern genügen.

2009

Paul Klee: Geheime Schriftzeichen, 1937

Magische Zeichen, schwer lesbare Chiffren –
ein rhythmisches Sich-Ergießen, Zerfließen
ein Stocken, ein drohender Bruch –
harmonisches Miteinander und
auseinanderklaffende Disharmonie –
dennoch erwächst eine Anmutung
von Figuration, eine subjektive Verbindung
zum eigenen Lebensvollzug – diese Mischung
aus Wiedererkennen und einem Umkreisen
von dinghaftem Erinnern:
die Boote, die Wellen am Ufer
das Kind, das ich war und du.

Vor 2011

Über Vergessen und Erinnern

Ist unser Erinnern
ein in Spiegelschrift
geschichteter Text
dessen einzelne
Schichten verschwimmen
in Schlieren des Vergessens?
Ist dieses Erinnerte
ein gespenstischer Schatten
zur Unkenntlichkeit verzerrt
versunken
nahezu erloschen?
Es bleibt abzuwarten
geduldig auszuharren
ob aus dem opaken Raum
ein erinnernder Text
fließt.

2004

Über Vergessen

seltsam ist
was und wann
und warum wir vergessen
und warum wir behalten
was kaum von Belang
für ein zukünftiges Leben –
Verbindungen
mit Menschen schaffen
durch das Erinnern
und Gespräche führen
die über den Tod hinaus
offenbar von großer
Wichtigkeit für uns wären –
bis du schweigend zur
Einsicht gelangst
dass der Wunsch vergeblich –
und doch wird all dies
nicht dem Vergessen
anheimfallen –
du wirst damit
leben müssen

2020

Über Vergeben und Vergessen

Vergeben
ist nicht Vergessen.
Erinnern lässt sich einfordern,
nicht das Vergessen.
Die eingebrannte Spur
des Erinnerns stirbt erst mit dir,
mit dem Erlöschen deines Bewusstseins.

Um die Erinnerung wach zu halten
über den eigenen Tod hinaus,
bedarf es der Sprache,
der Vermittlung des Gesprächs
und der Schrift, die
die Vernetzung des Alltags
in der Folge der Generationen
verankert.

Vergeben
ist nicht vergessen.
Es bleibt ein Erinnern,
das Vergeben zum immer
aufs Neue zu vollziehenden Akt,
zu einer im Alltag verankerten
Haltung, einem Ritual werden lässt,
an dem es festzuhalten gilt.

2004

Erinnerungen

Erinnerungen
die überlappen
ineinander greifen
wie Zimmerfluchten
die ihrer raum-zeitlichen
Fixierung verlustig
Eigenständigkeit erlangen
ihrem eigenen Rhythmus folgen –
ihre Akzente freier setzen,
an wenigen Gegenständen
festgemacht:
ein Spiegel
eine silberne Schale
ein Stuhl als retardierendes Element
fragmentarisch ein Bild als Fermate.
Lichtdurchflutete Räume
Zimmerfluchten
Türen, die Durchlässigkeit vermitteln
eine wohltuende Spannung erzeugen
keinesfalls Enge
Räume auf das Wesentliche reduziert
mit Luft zum Atmen
solcherart mögen sie sein,
deine Erinnerungen.

2004

Mnemosyne
oder das wiedergewonnene
Gedächtnis

Spurenlesen
Zeichen erkennen
erlernen
verlernen
verlieren
wiederfinden –
Entdeckungen machen
in der Höhle der Vorzeit
in den Ritzungen
Reibungen
den Markierungen des Heute
den Zufällen
die die Natur schafft
und dem, was der Mensch
kreiert aus dem Augenblick –
und du liest und siehst etwas
das dich berührt
und sei es ein Gesicht
das Auge, das dich anblickt
und ein Erinnern
aufsteigen lässt
eine Verbindung wieder herstellt
aus dem blauen Vergessen.

2013

Mnemosyne (II)

Der verlorene Faden
das ausgefranste Gedächtnis –
ist Schreiben, Zeichnen
die Rettungsleine, die uns
vor dem Ertrinken
im Fluss des Vergessens
bewahrt? Schaffen die Zeichen
Raum fürs Erinnern? Fällt uns so
allmählich Licht ins Dunkel
dämmert etwas herauf?
Gedächtnisspuren, die
einander überlagern, die
collagiert und zusammen-
geführt werden, sei es
durch ein Freilegen von
Schichten oder durch eine
Karte, in der sich die Erinnerung
verortet, die Erfahrung vernetzt.

2015

„Dass das Gedächtnis
unser ganzes Leben ist"
Luis Buñuel

Immer wieder

Immer wieder erhalte ich
diese Anrufe aus der Vergangenheit.
Man könnte meinen, dass sie weniger
würden mit der Zeit, doch werden sie
intensiver, fordernder.

Die Zukunft gestalten
ohne die Herkunft zu kennen
Urteilen, ohne die
Stütze des Gedächtnisses
ohne die Erfahrung
der eigenen Biografie
zu durchforsten
und die der andern
der Eltern
der vorausgegangenen
Generationen –
das wird dich
scheitern lassen.

Du wirst nur dann
Empathie empfinden
wenn du Erklärungen
für ihr Handeln
gefunden hast, nur dann
wirst du erkennen,
was dich antreibt.

2016

Memorabilia I

Ein filigranes Netz
liegt über den Erinnerungen –
wie in den spiraligen Gehäusen
der Schnecken verpackt
sind einzelne Momente
verborgen, berühren sich
und helfen einander
über die Schwelle –
Jahrestage
Gedenktage
behutsames Lösen
des filigranen Schleiers
vor dem was war
was gewesen sein
könnte.

2012

Memorabilia II

Auf blauem Grund
ruhen Erinnerungen
an blaugetönte Tage –
Sandrosen der Wüste
ihre kristalline Ordnung
in immer neuer Gestalt
eine Rosenschönheit
ohne Fruchtbarkeit –
das Weiß der Baumwolle
das zu Teppichen verwebt
die Lebenspfade tragen –
und die Muschel, die alles
enthält und verbirgt
und deren Rauschen nicht
das Meer, sondern der Gesang
des eigenen Blutes entströmt.

2012

Der lange Schatten der Kindheit

Der lange Schatten
der Kindheit
fällt auf deine Wege
die nicht allein die deinen.
Spuren werden gelegt
lange vor deiner Geburt.
Ob du nun
in die Fußstapfen trittst
derer, die vor dir liefen
ob du – immer
ein wenig neben der Spur –
andere Straßen betrittst
dich durchschlägst
auf Trampelpfaden
die Wildnis zu zähmen –
wo auch immer du gehst
begleitet dich
der lange Schatten
der Kindheit.

2017

es lag mir auf der Zunge

es lag mir auf der Zunge
als ich auf der Suche
nach dem verlorenen Faden
auf die alten Kindheitsmuster stieß
und ich zu hüpfen begann
breitbeinig
zwischen Himmel und Hölle

es lag mir auf der Zunge
als ich auf der Suche
nach dem verlorenen Paradies
ans Wasser kam
und ich mich darin spiegelte

es lag mir auf der Zunge,
als ich den Berg hinauf keuchte
und den Gordischen Knoten
zu fassen bekam –
an dem ich noch immer kaue

2001

Die Töchter der Mnemosyne

die Landzunge der Mnemosyne
reicht hinein
ins Meer des Vergessens
der Wellenschlag berührt
den Zungenschlag der Musen
ein Überschwappen
Überlappen
auf dem schmalen Grat
des Erinnerns

über Klippen springen
Unwegsamkeiten umgehen
sich in Acht nehmen
vor sumpfigem Gelände
anhalten
sich umschauen
sich niederlassen
damit der Wellenschlag
sich vereine
mit dem Zungenschlag
deines Erinnerns

2002

Mnemosyne

Jahreszeiten
Lebenszeiten
legen sich über Orte
über Landschaften –
als lose Blätter
hängen sie an Bäumen.
Worte
Gedanken
fügen sich
in Zwischenräume
wuchern zu Zeiten
brechen auf
wie Knospen im Frühling
lösen sich
wie Kastanien im Herbst
erstarren in der Kälte des Winters.

2021

Grenzen der Mnemosyne

Der Spiegel des Sees
verwandelt die Figur
in abstrakte Form –
auf dem Wasser
entsteht ein Raster:
verschlüsseltes Leben.
Erinnern und Vergessen
verhalten sich wie die
Figuration zur Abstraktion.
Immer neue Muster
entstehen und lösen sich auf
wenn das Wasser die Projektion
verweigert, sich abkapselt
unter einer vom Wind
gekräuselten Oberfläche.

2012

VOM LEBEN

... eine Scheibe mit der Anmutung von Jahresringen
dichter und lichter
gesetzt aufgedröselt zerfasert zerbrochen
wie Lebensläufe
dem Vergessen anheim gestellt ...

Wie das Laub der Bäume

Wie Bäume die Last
abwerfen
in bunten Blättern
wenn es Herbst wird –
wie Kleider, die getragen
wurden an Tagen,
die man erinnert –
Momente, die sich
einprägten wegen
einem wesentlichen
Bezug zum Leben –
die Endlichkeit des Laubs
korrespondiert mit
unserer Vergänglichkeit
doch ist es die Farbigkeit
die unser Erinnern prägt
und in solchen Herbst-
tagen lebhaft
zu Tage tritt.

2021

Penelopes Teppich

die Tintenspur
folgt den Fußstapfen des Tages
die verwischt werden
wie die Fingerabdrücke der Worte

die Tintenspur
folgt den Gedanken aufs Hochseil
Worte, die der Tag fasst
und die Nacht löst

dem Rachen der Erinnerungslosigkeit
zu entgehen: Fingerabdrücke hinterlassen
Wundmale konservieren
Worte pflanzen
die zu Bäumen heranwachsen könnten
oder doch zu einem Veilchen erblühen –
um dem Rachen der Erinnerungslosigkeit
zu entgehen: ein Zeichen setzen

2005

Lebens-Weg

Aufbrechen: sich auf den Weg machen
einen Weg suchen, finden, einschlagen
einem Weg folgen

Spuren suchen
Spuren hinterlassen
sich er-gehen
sich etwas er-wandern
etwas er-fahren
Er-fahrung er-werben

eine Gelegenheit er-greifen
um etwas zu be-greifen

einfach seines Weges gehen
unberührt und unbehelligt
auf Ge-fährten treffen
eine Strecke zusammen gehen
Ge-fährten haben
Ge-fährte sein

Lebenslänglich
auf dem Weg sein

1993

Menschenleben
Zu Bildern von Jürgen Marose

da stehen sie
ohne Stütze
nicht haltlos
so als seien sie
aus den Schatten
ihrer Leben getreten
eher zufällig und
für den Augenblick
bis sie ganz
auf sich gestellt
den nächsten Schritt tun
in die leeren Räume
die sich weiten
gegen Horizonte

2001

Durchs Leben gehen

Die Lebensspirale
weitet sich, öffnet sich
ein Ausstrecken von Fühlern
ein Suchen und Finden –
Eingebundensein, Nähe –
einatmen – ausatmen
sich binden – loslösen
auflösen – einlösen
erlösen … das Leben
ein Geschenk.

2015

Zufall oder Fügung

Der Apfel fällt vom Baum.
Warum gerade jetzt?
Der Mensch, der mir begegnet
was mir geschieht
fällt mir zu.
Ist das Zufall?
Ist das Fügung?
Was mir zufällt
füge ich ein
in einen vorläufigen Rahmen
füge ich zusammen
zu einem wachsenden
werdenden Bild
das immer unvollständig.
Wird am Ende
das Gefügte
vom Zufall befreit
Sinn geben?

1993

Die Freiheit des Anfangs

Die Freiheit des weißen Papiers
ohne Zeichen,
die Freiheit der leeren Leinwand
ohne Farbe und Form –
die Freiheit, die rührt
aus der Namenlosigkeit,
der fehlenden Setzung:
noch erscheint alles möglich,
ist das Unendliche
nicht eingegrenzt,
nicht auf den Begriff gebracht
und kann nicht abgelegt werden -
noch ist alles im Fluss.

Die Freiheit der Kugel
zu rollen hierhin und dahin
dem Zufall gehorchend
oder sollte es doch Bestimmung sein?

Der Bogen wird beschrieben
die Leinwand bemalt
die Taufe vollzogen –
die Kugel rollt aus der Freiheit
die dem Anfang vorausgeht
in die kleinere Freiheit
der Kreuzwege –
dort werden dir
Entscheidungen abverlangt –
Lebensvollzug
meint auch ein Sich-Bescheiden –
in Freiheit!?

so viele Arten
durchs Leben
zu gehen

so viele Arten
durchs Leben zu gehen
wie Buchstaben
die sich in Handschriften
unterschiedlich gebärden
groß und aufrecht die einen
gebeugt nach vorne geneigt
die anderen   mit rundem
Rücken   in sich ruhend
sich selbst genügend
andere kommen
auf Zehenspitzen daher
leise und schüchtern
sich umblickend und
geraten leicht aus dem
Gleichgewicht   drohen
zu straucheln   zu fallen
und fangen sich wieder
manche stehen da
gesondert   andere
in Gemeinschaft
manche stehen auf festen
Beinen   andere haben
die Bodenhaftung verloren
knien oder kommen bäuchlings
zu liegen   so viele Arten
durchs Leben zu gehen

2004

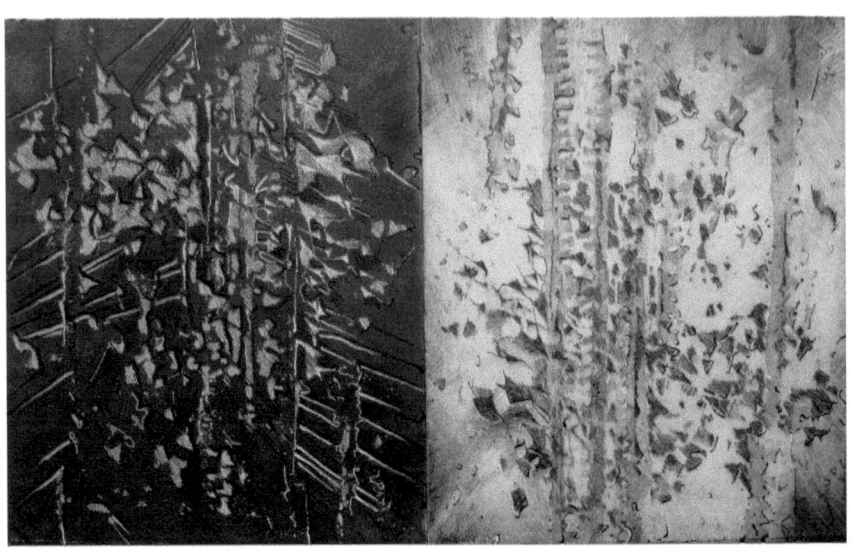

Lebensweg und Lebenslauf

Den Weg, den du gehst,
er ist nicht identisch
mit dem Lebenslauf,
den du schreibst,
den jemand über dich abgibt:
der Weg ist das Erleben,
letzterer ist das Ergebnis von Reflexion:
was wird nicht alles vergessen
oder verschwiegen oder einfach
unter den Teppich gekehrt
die vielen Lücken, die bewusst
gesetzten Leerstellen im Dokument
Verkürzung, Verknappung,
das Auf-den-Punkt-Bringen,
wenn der Punkt
einer unter vielen
nicht Mitte, nicht Nabe -
all die Stolpersteine,
die falschen Schritte,
die auf einem Leben lasten -
und dann sage noch einer
sich auf ein Datengerüst stützend
dieses eine Leben sei ohne
große Erschütterungen
verlaufen - woher nimmt er den Mut
eine solche Ungeheuerlichkeit
über ein anderes Leben auszusprechen!

2005

Zu Eberhard Freudenreichs
„Ungeschriebenen" Büchern

Ge-Schichten
geschichtet
gleitend
fluktuierend
suggestiv –
sich verweigernd
entgleitend

Ambivalenz des Spiels
mit dem Schatten –
Furcht des Kindes
vor dem was es zu sehen meint
und nicht (be-)greifen kann.

Ge-Schichten
wie nächtliche Träume
die kaum geboren
verwehen –
die Gleichzeitigkeit
des Ungleichzeitigen –
die Wahrheit des
widersprüchlich Absurden.

Ge-Schichten
flüchtige Schatten, die
ungeschriebene
Geschichten erzählen.

2002

Von den Grenzen der Liebe

Die Notwendigkeit zu erzählen
jemandem eine Geschichte
zu erzählen, aus der sich
ein Teppich flechten ließe
der das Gewebe der
wachsenden Liebe bewahre.
Ein Sich-Durchdringen von
Erinnerung und Traum – Pegasus
in einem italienischen Garten
ein Brunnen in Rom
ein Ölbaum auf Sizilien –
dann wird das weiße Pferd
hinter der Hecke zum Einhorn
und Scheherezade
überlebt.

Von der Notwendigkeit,
diesem einen Menschen
die Geschichte zu erzählen,
eine unendliche und immens persönliche
die dennoch ausfranst an den Rändern und
Luftwurzeln ausschickt
und lückenhaft launisch
von Luftmaschen und
Laufmaschen durchzogen
und mit blinden Flecken –
eine ins Unendliche
ausufernde Geschichte –

und doch bleibt die Furcht
der Scheherezade,
dass die Geschichte
nicht glückt.

2002

Sheherazade and story-telling

The necessity to tell a story
tell a story to a special person
so that it spreads like a carpet
that saves the texture
of growing understanding.
Memory and dream
are overlapping –
Pegasus in an Italian garden –
a fountain in Rome –
an olive-tree in Sicily –
then a white horse
behind the hedges
becomes a unicorn
and Sheherazade
survives.

The necessity to tell a story
tell a story to a special person
an unending and immensely personal story
that nevertheless frays
at the edges, sends
aerial roots
runs ladders and
produces blind spots –
a rich and overflowing story –
Sheherazade nevertheless
is fearful and full of doubts
that the story might not
fulfil its purpose.

Nach dem Besuch einer Aufführung von
Botho Strauß, DIE ÄHNLICHEN

der Stoff aus dem die Träume sind

Lebensfaden
roter Faden
Nabelschnur

spinnen
den Faden
messen
bemessen
schneiden
beschneiden
und weben den *Stoff,*
aus dem die Träume sind

Stoff bemessen
zuschneiden
beschneiden?
Gewebe zerfasert
franst aus
lichte durchscheinende Stellen
Gewebe altert
wird abgetragen
transparent
Löcher
stellen bloß
entblößen
Kälte dringt ein
schmerzhaft empfunden

das große rote Knäuel
aus ihm läuft
die scheinbar unendliche Zeit
der rote Faden
kraftvoll
energisch
verspielt
Kindheit und Jugend
erste Ängste
er könnte zu kurz
bemessen
sein
Beginn des bewussten Webens
die Arbeit
der Plan
und der Zufall:
unter einem guten
unter einem bösen Stern
der entscheidende Moment

der Lebensfaden wird dünner
brüchiger
droht abzureißen
das Ende der Nabelschnur
Abschneiden des Fadens
der rote Faden -
wird er als solcher erkennbar
und wem?
Wird das Gewebe standhalten
wie lange
für wen?

1999

Die Geburt des Trotzdem

Im Geburtsvorgang stecken bleiben
in einer Gegenwart verharren
die im Alltag als erinnertes und
antizipiertes Leben erfasst wird:
ein Moment, in dem
Bewusstsein aufflackert,
eine Entscheidung reift,
die Vorher und Nachher
als abgehobene Zeiträume
ausweist.

Sich in eine Geschichte verstricken
und fürchten müssen
dass einem ein Strick
daraus gedreht werden könnte:
verhakt
versponnen
gebunden sein,
wenn man entbunden sein möchte.

Eine Aufgabe schultern
den Schulterschluss üben
und nicht zurückschrecken
wenn man dir die kalte Schulter zeigt
wenn ein Schulterzucken dich abweist.
Nimm's auf die leichte Schulter!

2005

Biografie

Buchstaben
für den Analphabeten
sind Zeichen
der Magie –
er liest in den Spuren
seinen eigenen Text.

Hieroglyphen
heilige Bilder –
das Kind in dir
findet das Märchen
seiner Geburt.

Fremde Zeichen –
Reduktion
und Verdichtung –
werde du
zum Schöpfer
deiner Geschichte.

2021

Warum

in den Irrlichtern
der Dämmerung
den Fingerabdrücken
des Vergangenen folgen
nach Hänsels Brotkrumen
der einen Stecknadel
suchen –
müßiges Unterfangen
und doch stellst du
die alte Frage
nach dem Warum.

2004

Zu Collagen von Rainer Storck:
Mikrokosmos – Makrokosmos
oder Fragmentierung des Seins

das Aufeinanderstoßen
und Auseinanderdriften
kontinentaler Platten
die Zersplitterung von Gestein
das Toben der Stürme
das Rasen der Meere -
du nimmst nur Spuren
dieses großen Ganzen
in dein kleines Leben hinein

Urgestein

der Stein enthält die Welt
die Sedimente
die Strukturen
das lichte Blau des Wassers
und die Linien seiner Ufer
die Tiefe ohne Grund –
und aus dem Nirgendwo
bricht unerwartet
eine Druse auf
knospt kristallin und wird
zur blauen Blume!

2005

Zwischen den Stühlen I

Immer schon saß ich
zwischen den Stühlen
oder habe ich mich etwa selbst
zwischen die Stühle gesetzt?
Hat zur Stunde der Geburt mir
jemand dieses Schicksal auferlegt?
War Erziehung im Spiel
beabsichtigt oder unbeabsichtigt
die dieses Verhalten mir aufbürdete?

Warum kann ich nicht
wie so viele,
mit den Wölfen heulen?
Warum kann ich mich nicht
so uneingeschränkt im Recht fühlen?
Warum muss ich immer
aufs Neue hinterfragen
was längst geklärt zu sein scheint?
Warum kann ich nicht einfach zustimmen
wenn die Freundschaft es fordert?
Warum müssen meine Vorbehalte
muss mein kritisches Abwägen
mir die Zugehörigkeit
immer aufs Neue
verweigern?
Warum muss ich immer
zwischen die Stühle
geraten?

2002

Zwischen den Stühlen II

immer schon saß ich
zwischen den Stühlen
oder habe ich mich etwa selbst
zwischen die Stühle gesetzt?

Warum Anstoß nehmen,
Anstoß erregen?
Wenn du gegen den Strom schwimmst,
geht der Atem schwer,
droht Ermüdung,
droht Stillstand,
Ertrinken –
mit dem Rücken zur Wand
bleibt wenig Spiel –
wenn du nicht die Uniform
des Konformismus trägst
bleibst du außerhalb:
ausgeschlossen werden
ausgeschlossen sein
ausgeschlossen bleiben?
Immer den Stachel im Fleische,
den bitteren Trank aus dem Kelch:
Warum muss ich immer
zwischen die Stühle
geraten?

2002

Zimmerfluchten
(angeregt durch Bilder von Vilhelm Hammershøi)

Zimmerfluchten
halb-offene offene Türen
Durchblicke
Einblicke Ausblicke – und
die tickende Uhr
mit dem verblassten Zifferblatt
auf der die Zeit verschwimmt –
das Ich beschattet
halb verborgen, so dass
Licht auf das eine
das andere Wundmal fällt
bald in den Schatten gedrängt
verworfen – und ist doch
nur die Kehrseite der
im Lichte glänzenden Medaille –
Zimmerfluchten halb-offene offene Türen
hell im Licht des Tages
eingedunkelt im Traum der Nacht

Zimmerfluchten –
in wechselndem Licht
ein Ineinanderfließen
von Bildern
die sich überlagern
ein Hineinhorchen –
deine angespannten Sinne
warten auf Erkenntnis
eine Annäherung
von Synapsen.

Zwischenräume

Zwischenräume
seien ohne Gewicht
welch ein Irrtum!
Leben vollzieht sich
im Dazwischen:
die kleinen Veränderungen
die Abweichungen von der Regel
schaffen das Maß
den Rhythmus
den Raum aus Licht und Schatten.

Leben vollzieht sich
im Dazwischen:
der Atem, der Wind,
der Klang der Flöte,
der Raum zwischen den Worten
zwischen dir und mir -
die Stille zwischen den Tönen
das Schweigen zwischen den Worten
der Raum zwischen den Zeichen
den wirbelnden Atomen –
die Bedeutung ruht im Dazwischen:
aus der scheinbaren Leere
wächst sinnstiftende Identität.

2002

Ruinen der Vergangenheit

Ruinen der Vergangenheit
Gefühle, die in der Erinnerung
verblassen, Sepia-farben
ohne den akuten Schmerz
die beglückende Freude –
sich distanzierend von
der Erregung des Augenblicks
in Ratio getaucht, verlustig
des Momentums, so dass
der Sturz ins Alltägliche droht.
Dass das Vergangene
sein Momentum verliere –
undenkbar damals
so mit Ort und Zeit
verhaftet – jetzt losgelöst
droht der Sturz ins Banale.

Haben die inneren Dinge
denn keinen Ort? Ist es der Ort
der verblasst, nicht das Ich
das ein anderes geworden
so dass die Vergangenheit
wie eine Puppe eingeschlossen
in weiteren Puppen allmählich
an Transparenz verliert
und du eine Dickhäutigkeit
empfindest, die unvorstellbar
gewesen war, als dein Inneres
blutete und dich verzweifeln ließ.

2016

Warten

Warten auf morgen,
auf die andere Woche,
das andere Jahr –
warten auf später.
Immerwährendes
Vertrösten
von Kindheit an –
ein Sich-Fügen
in das scheinbar
oder anscheinend
Unvermeidliche
ein Sich-Zurücknehmen,
ein Sich-Hintanstellen
ein Verschieben
ein Aufschieben
von Leben
von Sinn
von Glück.

Der Gedanke
der nicht ausgedacht wird
das Wort
das nicht gesprochen
der Satz
der nicht geschrieben
die Liebe
die nicht gelebt wird
all die Dinge,
die ungedacht
ungesagt
ungetan bleiben.
Sind es Unmöglichkeiten oder

scheinbare Unmöglichkeiten
sind es Unterlassungen
infolge von Mutlosigkeit?
Kleinbeigeben
Leben mit der kleineren Hoffnung
Leben mit dem Ungelebten
einem ganzen langen
Rattenschwanz
von ungelebtem Leben —
und immer wissen:
eines Tages wird es
zu spät sein
ist die Uhr
ohne Vorwarnung
abgelaufen.

Schwer ist es,
zu leben mit Ungelebtem
wobei das Unvollendete
leichter zu ertragen wäre
als das Nie-Begonnene.
Einen Anfang machen
ist entscheidend.
Das Ende ist Zufall
fällt uns zu
ereignet sich
das Ende ist offen.
Unvollendet heißt
mitten darin sein
ist Leben –
was aber, wenn du
nie begonnen hättest?

1996

Lange Weile

Das Kind eingebettet
in den endlos erscheinenden Strom der Tage
eine die Ewigkeit vorwegnehmende lange Weile
die Langweile in sich bergen kann
und dennoch:
diese nicht-enden-wollende Zeit
zerrinnt, beschleunigt sich
und das Kind, das sich
ein nie-enden-wollendes Buch
eine unendliche Geschichte
gewünscht hatte, beginnt sich zu fürchten
vor der enden-wollenden Zeit
und dem Verlust der langen Weile
die eine Orientierung von Ich und Welt
und immer aufs Neue
einen Anfang erlaubt.

2007

Das Raster der Zeit

Das Raster der Zeit
unerbittlich wie die Zeiger
der Uhr, das Fortschreiten
der Tage nach dem Kalender
der Reihung der Jahre
festgezurrt durch Zahlen
Namen und Orte, um die sich
Ereignisse ranken, Erfahrungen
ausbreiten, die sich sortieren,
vermengen – und Bilder, die sich
über die Chronologie legen,
locker, verspielt, wo es nicht
um Genauigkeit geht, wo fern
aller Präzision ein Schwingen und
Schweben sich in und über
die Zeit legt – ein Schwelgen
im Schoß des Erinnerns.

2016

Es gibt Tage

Es gibt Tage, da
schleichen die Stunden
trauernd und schwer –
verhalten rauschen
die Wogen, verloren
im fließenden Strom.
Dann wieder eilenden
Schrittes schreitet der Zeiger
voran, schlagen die Uhren
rascher und du hältst
den Atem an –
du erkennst
andere Leben und blickst
sie klaglos gelassen an
wie Blumen in einer Schale –
und fremde Augen schauen
mit fragenden Blicken dich an.
Augenblicke entscheiden
sind Zufall und Geschick
und fügen die Phasen des
Lebens, verknoten im
günstigen Falle das Glück.
Es gibt solche Tage.

2016

Tempus fugit

Lebenslauf
schwarz auf weißem Grund
Lebenslauf
weiß auf schwarzem Grund
Lebensentwurf
Lebensverlauf
spiegelbildlich -
widersprüchlich?
Vita brevis
ars longa.

Zeit-Fäden
zarte und kraftvolle
zerfasernde
ausgefranste Taue
verstrickt
verhakt
verknotet –
entknotet
entwirrt
gelöst –
das Auf und Ab
einer mehrdimensionalen
Fieberkurve
nicht festzumachen
doch spürbar die Wiederkehr
von Ritualen, den Höhen und Tiefen
der schwarzen und der weißen Version:
In der Spiegelung der Entwürfe
die Suche nach
Sinn und Sein.

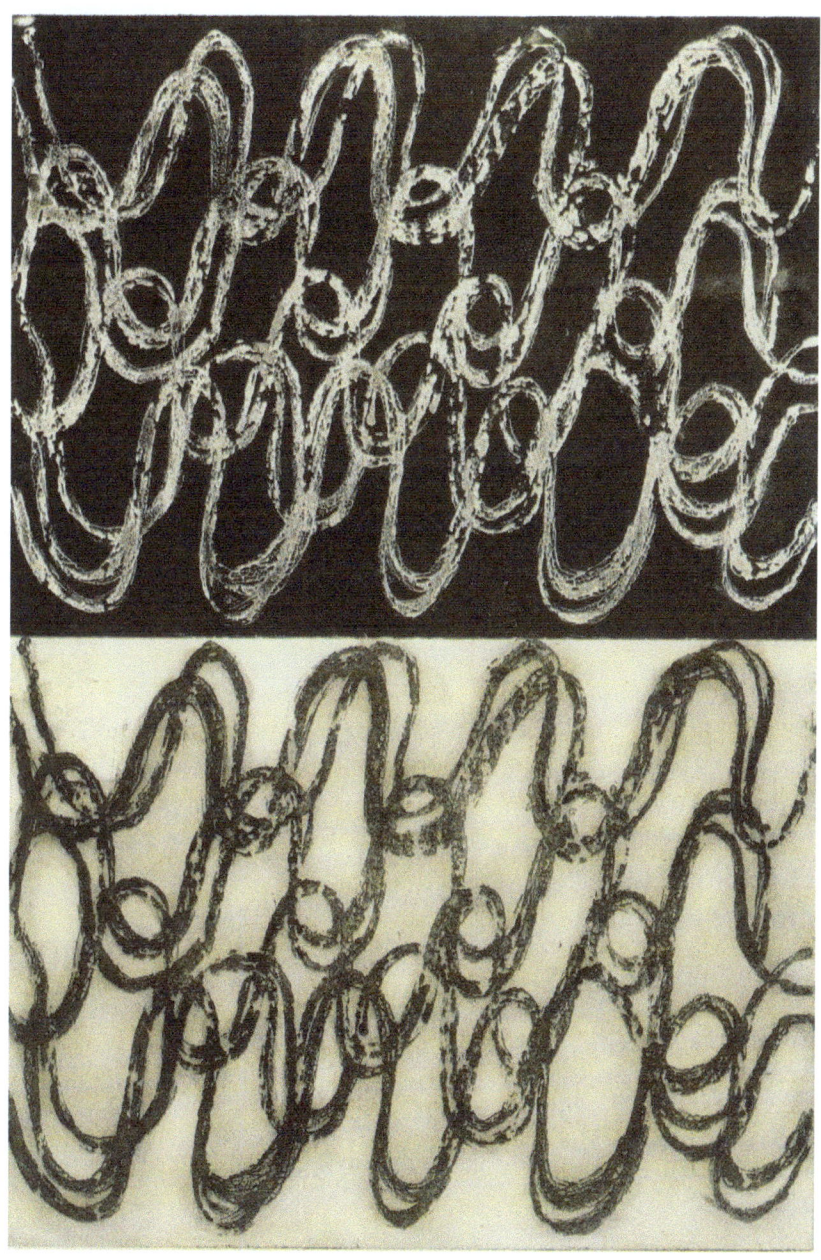

Gedächtnislücken
oder
das abgelegte Gedächtnis

Gedächtnis-
Lücken sind
Laufmaschen.
Locker und leicht
lösen sie sich
aus der Form.
Gedächtnislücken
entledigen dich
aller Erdenschwere -
und welche Lust zu leben,
könnte man meinen,
schwimmend
schwebend
mit leichtem Gepäck!

2002

Damals

Rasch scheint die Zeit
vergangen, steil steigen
die Stränge des Erinnerns
ins Uferlose –
ohne Anfang ohne Ende
in farbige Schatten
gehüllt
Emotionen
Verletzungen
von unterschiedlicher
Intensität –
durchbrochen von
lichten Momenten –
abrupte Abbrüche
scharfe Risse und Kanten
und mittendrin hält sich
die Transparenz
eines Fadens
der Identität.

2017

Zeit fließt

Zeit fließt - Wasser fällt
durch sonnendurchlichtetes
Frühlingsgrün - bunte Farben
spiegeln glückverlorenes
Erinnern - Blütenzauber
eingehüllt in lang vergessene
Klänge: es grünt, sagt der Vogel
und du fühlst die Zeit stille stehen
unter deinen Lidern.

2004

Zur Jahreswende (I)

über die Milchstraße wandern
im Rhythmus des Lidschlags
am Sternenhimmel
Sternblumen pflücken
Sternzeichen folgen
in lichte Räume
an Sternstunden denken
träumen vom Sternschnuppenregen
und hoffen auf
Sternschnuppenglück

2001

Zur Jahreswende (II)

rasch
eine Schneise geschlagen
in die gefrorene Zeit –
durch Eisblumen
und Frostgeflecht
ins lichte Kristall
der Nacht geschaut –
die Utopie
von glauben
hoffen
lieben

2002

Vor einem runden Geburtstag
Gedanken über das Älter-Werden

Die Kindheit hängt
als abgestreifte Haut
am alten Baum.
In seiner Rinde Kerben
leises Raunen.
Ich horche tief
in mich hinein
und fühle Stille
leise sein.
Sind wirklich
ganz verklungen
Pans Flöte und
des Orpheus Leier?

2003

ALTER UND TOD

Stimme ich ein in die Klage, die
uralt und zeitlos das Gemüt der Sappho
schon plagte: der alternde Körper
das weiße Haar, die Schwermut der Seele?
Was ließe sich dagegensetzen?
Das Wissen um eine Zukunft,
die zur Vergangenheit wurde?
Macht gelebtes Leben gelassen
gegenüber dem ach so begrenzten
Lebensvollzug? Ist eine teilweise
eingebrachte Ernte ein Trost gegenüber
einer schrumpfenden Zukunft?

Sappho, die Frau, die *Ich* sagte
und *Du*, seufzte über ihr Schicksal
des Tithonos gedenkend, der Unsterblichkeit
ohne ewige Jugend empfing.
Und doch! Wird im Alter der Spiegel nicht klarer
das Mosaik voller? Besteht nicht die Hoffnung
dass die labyrinthischen Wege sich zu einem
Mandala formen unseres individuellen Seins –
bevor das Licht erlöscht?

Verlust der Sprache
vergessen, erlöschen
verstummen, erblinden
taub sein: Verlust
des Seins in der Welt.

2012

Gedenksteine

eingemeißelt
in den Stein
die alten Zeichen
ungelenk erratisch
zwischen Linien gesetzt
eine Begrenzung -
bildhafte Zeichen
fast Piktogramme

der Gedenkstein
für einen Toten,
sagt der Text

jemand hat ihn gesetzt
als Widerstand
gegen den Tod
durch Vergessen

gegen den Tod und
gegen das Vergessen gerichtet
sind diese Stelen –
nicht das Sterben
sollte das letzte Wort sein
ein Abschied in Würde
in Wehmut und Dauer
wie auf griechischen Stelen –
ein Festhalten am Status
der Position in der Welt
auf römischen Malen –

die Etrusker
schienen sich zu erinnern
welch eine Lust es sei
zu leben

ein Abschied in Würde
das griechische Beispiel
die Bewusstheit des Scheidens
auch wenn der Abschied inszeniert
dem Wunsche mehr als der Realität entspräche
ein Abschied in Würde, der letzte Akkord
der in ein stilles Bewahren führt

2003

Zu einem griechisches Grab
in Paestum

Der Sprung ins Ungewisse
wurde mir empfohlen
gleichsam als Lebensrezept.
Sanft sei die Landung
und führe mich
wie die Märchenschwestern
auf eine blühende Wiese –
mit anderen Worten,
erschließe mir die Welt.

Dieser unbekannte Grieche
ist auf ewige Zeiten
aller Habseligkeiten entblößt
zwischen Himmel und Erde.
Im Sprung zwischen woher
und wohin erkundet er
die größtmögliche Freiheit.
Die blühende Wiese oder
wie sie es damals nannten
die Gefilde der Seligen
mag seine und unsere
Hoffnung sein
doch niemals Gewissheit –
nicht hier im Leben
und nicht im Danach.

2008

Auf griechischen Stelen

Ein schmales Lächeln ruht
auf ihrem Antlitz
und so als wolle sie sich nun erheben
doch ruht die Hand des Mannes
noch auf ihrer Schulter
als wolle er sie rasch
am Gehen hindern
und so als suche er nach
einem Zauberwort.

So lebensnah erscheint
der Tod auf griechischen Stelen.
Hier nehmen unbewusst
zwei Liebende den Abschied
schon vorweg
bevor noch eine kleine
Ahnung vom großen Tod
ihr Herz bewegt.

2002

TOD IM LEBEN
(angeregt durch Bilder von James Sydney Ensor)

Der schwarze Vogel,
der sich ins Kinderzimmer verirrt,
wird zum Kindheitstrauma des Malers.
Später dann gebären Himmel und Wasser
Fratzen, die geifernd und grinsend
durch das Haus geistern, sich aus den
Tapetenmustern lösen, den Ornamenten
der Truhen und Schränke. Die im Laden
der Mutter feilgebotenen Masken
erhalten ein Bleiberecht in der Psyche
des Malers, wo sie sich verselbstständigen
vor- und zurückspringen, einander
bedrängen, sich verwandeln
wie die Masken
in den dunklen Gassen von Ostende.

Menschen werden zu Fratzen, zu Masken
verkürzt, vervielfachen sich. Aus ihrem
schwerfälligen ungelenken Gehüpfe
wird ein Totentanz, ein Tanz mit dem Tod.
Der wird verlacht, verspottet, verhöhnt.
Doch hinter der Clownerie versteckt sich
das Entsetzen, das sich aufbäumt und
dem Unausweichlichen entgegenstemmt.
Kalt, mitleidlos, grausam
marionettenhaft und zur Karikatur verzerrt:
Ertrinkende, die aus dem Wasser aufsteigen
um wieder zu versinken. Was bleibt zurück
wenn die schmutzig-weiße Clownsschminke
abgewaschen ist? Wie sieht sie aus
die Angst des Einzelnen, wenn die Maske fällt?

DER TOD DER MUTTER
(ausgehend von einem Gemälde
von Edvard Munch)

Die grellen Farben
die grinsenden Schädel
die Heftigkeit des Duktus
der ganze Totentanz
ist erloschen – hier
hat er sich ereignet
unerbittlich: der Tod.
Ungeschönt spricht das Bild
für sich selbst – es bedarf
keiner Steigerung
durch den Künstler.
Die ums Bett der Sterbenden
versammelte Familie
ist einer Ansammlung von
halbleeren Medizinflaschen
gewichen, die entsorgt werden müssen.
Es sieht nicht aus nach
einem *großen* Abschied.
Und wie stand es um Versöhnung?
Auch wissen wir nichts
von dem Kampf der letzten Tage
und Stunden, einem Sich-Aufbäumen
einer alles Bisherige übertreffenden Angst
die sich verzweifelt an das in Auflösung
begriffene Leben klammert. Immer noch nicht
habe ich den Dichter aus Wales begriffen,
der seinen im Sterben liegenden Vater
aufforderte, nicht sanftmütig
hinüber zu gleiten in jene lange Nacht.

2011

Von der Hoffnung

Mit Sieben Wasser schöpfen
den Stein erneut und auf ewig
den Berg hinauf rollen
die Nadel im Heuhaufen suchen –
doch vielleicht findest du die Nadel
vielleicht bleibt der Stein hängen
an einer Wurzel und es wäre ja möglich
dass die Löcher des Siebes
mit der Zeit verkalken.

2012

Im Schatten der Zeit

im Schatten der Zeit
sich aufhalten
sich darin verlaufen
wie in einem Labyrinth
ohne Ausgang
es sei denn der Zufall
öffne ein Fenster
in die Zukunft

im Schatten der Zeit
einzuschlafen
zu träumen
von einer
Zukunft, die
Vergangenes
nicht ungeschehen
aber erträglich
macht –
Verwundungen
mit Schorf überzieht –
heilt

2021

In the shadow of time

living
in the shadow of time
losing your way
in a labyrinth
with no way out
hoping for a chance
that a window opens
out into the future

in the shadow of time
dreaming of a future
that does not wipe out
the past but
shows healing power
to the wounds
time has inflicted

2021

Von Horizonten

Wenn über dem Horizont
dieses Quäntchen Hoffnung erscheint
wenn von Wolken umfangen
ein Fragment auftaucht
das dich staunen lässt
das dich dazu anspornt
weiter zu gehen
um irgendwie das Ganze zu schauen –
aber wäre dieses Zeichen
nicht schon genug
um an eine Zukunft
zu glauben
die trägt.

2017

Träume

Die dunklen Flügel der Träume
versinken mit dem Heranbrechen
des Tages   werden ausgelöscht
wie die Sterne
und fließen doch weiter
in den unterirdischen Kanälen
unseres Bewusstseins
zwischen Wahrheit und Lüge
die Fiktion unseres Seins.

Träume sind Erdstöße
Verschiebung der Segmente:
eine Urlandschaft
die zur Veränderung drängt.

Träume sind hybride
Grenzgänger
zwischen Himmel und Erde
sakral und banal zugleich.

Im Traum sind wir Seiltänzer
Schwellenüberschreiter –
im Traum öffnen sich
schwebend
schwer lesbare Texte.

2003

Ein Traum –
Reisen ohne Gepäck

Fragmente von Bewegung –
das Woher und Wohin
bleibt im Dunkeln
der Augenblick ist lähmend
und trotz des Eindrucks
drängender Eile
dehnt sich der Zeitraum
des Nicht-Gelingens.

Immer derselbe Traum
packen zu müssen
in großer Eile
da die Zeit drängt
doch wäre noch eine Spanne,
in der ich das Lebensnotwendige
zusammenraffen könnte –
könnte ich mich entscheiden –
doch die Zeit läuft
und ich knie - ich weiß nicht
warum ich knie - und versuche
mich zu besinnen, was wesentlich
wäre und vermag es nicht.
Wie gelähmt verharre ich
auf der Stelle –
ich werde gehen müssen
ganz ohne Gepäck .

2005

Des Nachts die Träume

Wo Träume
wie Sternschnuppen fallen
auf Bäume,
wo der Traum
sich fängt in den Zweigen,
und alle unsere Träume
wie Blätter aufgereiht
tanzen den Reigen:
Tanz in den Zweigen
Träume in Bäumen –
nächtliches Schweigen
so beredt.

vor 1997

FÜR JOCHEN

Sternschnuppe

Weiße Gänsehälse recken sich
auf schweren Körpern
ins Silberlicht des Mondes.
Schnatterndes Wogen
Welle auf Welle
verebbt es
hinter den Wiesen
und der runde Mond
blickt durch die Wimpern
des herbstlichen Kirschbaums
als die Sternschnuppe
aus dem Dunkel
fällt.

1989

FÜR MARTIN
Gedanken zu einem Foto von Martin

Weltengeflecht

Die Sonne gefasst
in der Astgabel am Horizont
ein einziges Leuchten.
Winterlich Kahles
Bäume und Buschwerk
zeichnen sich ab.
In verworrenem Gewebe
Nahtstellen, Verknüpfungen
Verdichtungen, Öffnungen –
Helligkeiten und
Dunkelheiten –
Gewebe: durchwirkt,
verworren, gefasst.
Abbild des Lebens –
Sonne im Weltengeflecht.

1987

Traumata

Traumata -
Gefäße mit abgebrochenen Henkeln
schwer zu greifen,
umso sorgsamer
bewahren sie
was ausgeschüttet
sein
möchte

2003

Kindheitstrauma

Sich fürchten vor einer Tür
die sich öffnet
sich öffnen könnte
vor einem Anruf
vor dem Klingelton
vor einem Brief
vor einem noch ungeöffneten Brief –
ein Trauma aus der Kindheit:
diese Tür, die sich öffnete
an die sich aber jede Erinnerung verlor
nur das Bild an der Wand
vor dem das Kind sich fürchtete –
Furcht vor
dem Plötzlichen
dem Unerwarteten
dem Bedrohlichen
Furcht vor dem Unbekannten
der Zukunft –
Furcht
vor dem Tod.

Die sich öffnende
Tür, die ins Unbewusste
verschwand: die Angst blieb.

2021

WAS BLEIBT

BODENSEE im herbstlichen Mittagslicht
zwischen Birnau und Unteruhldingen

Der See hält inne
zwischen Stille und Geschwätzigkeit
weiß, klar und selbstvergessen.
Der Pfahl im Wasser, an dem sich die Welle
wie die wechselnde Hoffnung
der Uferbewohner bricht
spiegelt die Zeitlosigkeit.
Allemal fruchtbar die Ufer
ohne Üppigkeit oder Mangel
das Maß
das Schweigen
das Innehalten der Mönche
nicht das Verstummen.

Kiesel, Schilfrohr und Pfahl
sprechen vom Überleben
dem Witz, dem Geschick
der Beharrlichkeit
der Bewohner. Der See
mildert zu Zeiten die Fragen
nach dem Sinn, dem Leiden,
möchte man meinen.

1991

160

Überlinger See:
Kiesel, Schilfrohr und Pfahl

In gleißenden Mittagslicht
leuchtet der See. Leichtfüßig
tanzt das Licht auf dem Wasser
das seine Begrenzung aufgibt:
Möwen gleiten und haben Teil
an Wasser, Erde und Luft.

Am Ufer umspielen die Wellen
Kiesel, Schilfrohr und Pfahl.
Auf Windharfen aus Pappelsäumen
teilt der See sich dem Lande mit.
Und im Balanceakt des Herbstes
schwellen die prallen Beeren
ordentlich gebündelt
im grüngelben Laub.

Möwen sammeln sich
auf den Lichtinseln im See
die vom Dunst ausgespart
heller leuchten.
Ein vorsichtiges Blau
mischt sich ein
bevor der See sich
zum frühen Abend
bedeckt.

1991

Tropischer Sommer

Statt Sternschnuppen beleuchtete Flugkörper -
der Schwan mit ausgebreiteten Flügeln
hält die Spur der verborgenen Milchstraße
des Orpheus Leier am Rande.
Des Adlers Schwingen vollenden
das Sommerdreieck.
Mars glüht scheu
neben dem vollen Mond.
Wüstenklima noch um Mitternacht.
Aus den Sphären fällt Schlaflosigkeit.
Mais stockt im Wachsen
die Rosen halten zögerlich inne
das Gras nimmt eine Auszeit.
Tagsüber weht der Staub wie Wüstensand
über die Wege. Noch im Mondschein
trocknet die Wäsche.

2003

Gute Wünsche I

Die Schönheit
eines Sommertags –
wie zarte Rosen
gebunden in das Grün
so mannigfalt
dass Leben atmet
auch im ganz
Geheimen, im Kleinen
und im einzelnen
sich zeigt, so möge
dieses neue Jahr
beginnen, sich öffnen
wachsen und voll
Freude sein -
die Schönheit
eines Sommertags
mit zarten Rosen
und Mut und Kraft
für dieses neue Jahr!

1996

Gute Wünsche II

Unter schönen Geschenken
die allerbesten Wünsche
Gesundheit, Freude
stets gute Gefährten –
und ein wenig
von diesem Traum, der mit
ausgebreiteten Flügeln
engelgleich
am Bug der Galeere
unser Leben lenkt:
die Nike von Samothrake
ohne Kopf und Arme
vollkommen –
geflügelt beflügelnd
im Sturmwind
unserer Jahre.

1996

GLÜCK

Glück –
das sind große wache Augen
ruhiges Schauen
und Aufsaugen
ohne Wünsche
offen
und geduldig
wahrnehmen
im scheinbar Zufälligen
was schließlich
Form annimmt
in Tagen und Jahren.

vor 1997

Once in a blue moon

once in a blue moon –
wenn die Frühlingsanemonen
durch das Gestrüpp
des Vorjahres stoßen
sitzt ein Glückskäfer
mitten drin –
once in a blue moon –
flattert ein weißer Falter
über eine Waldlichtung
und du im weißen Kleid
denkst, von nun an
könntest du gelassen
dem Leben begegnen.

2002

Eine Vorstellung von Glück –
in Fragmenten

Aufwachsen unter Rosen
immerfort leben in den Blumen
sich wiegen im Wogen sommerlicher Wiesen
teilhaben am rhythmischen Wehen des Windes
und schauen von hohen Balkonen
in ein rosenduftendes blaugrünes Land –

sein wie ein Körper, der
in einen abendlich warmen See gleitet –

nicht unbedingt fröhlich sein zu müssen
sein eigenes Gesicht tragen
ganz still und ganz bei sich sein
und auch ganz außer sich –

warten auf irgendetwas
das vage und unbestimmt
aber doch auf etwas
jenseits von nichts –

und die Hoffnung hegen, dass
wenn du wie ein Gefäß, das zerbricht
und die Treppe hinunterrollt
dass du dann in Hände fällst
die dich bergen.

2005

Eine Schale voller Segen

Eine Schale voller Segen
zart wie die Hülle, der ein kleiner Vogel
soeben entschlüpft ist
oder in Feuchtigkeit gepresstes Papier
das seine Balance sucht
so zerbrechlich und zugleich
so vollkommen
so geborgen im Runden
und doch so real
indem es einen Schatten wirft
auf den Grund
in den es Wurzeln zu schlagen gilt –
zarter weißer Flaum,
Flügel zum Himmel hin
und starke Wurzeln
die Widerstand
und Festigkeit bieten –
eine Schale voller Segen.

2010

170

For Mary Janet

A bowl of grace

A bowl of grace
soft like the shell
that hatched a small bird
or very fine paper
anything out of balance
vulnerable and yet perfectly
embraced by its roundness
and so real to throw a shadow
on the ground taking roots –
delicate and tender
wings towards heaven
and strong roots
showing resilience
and strength –
a bowl of grace.
for a happy new year!

2016

Was schön war heute

Was heute schön war –
die kleinen Augenblicke

ausgeschlafen aufstehen
nach längerer Zeit wieder
durch die Weinberge
die zunächst unordentlich und kalt, plötzlich schön
aufleuchten
als die Sonne sich durchsetzt
die Wärme nachmittags
auf dem Gesicht
noch ein Sonnentag –
der blinde Nachbar, der
seinem Hund liebevoll das Fell bürstet
der Hund sitzt ruhig und beglückt
wie sein Herr
das Eichhörnchen unter der Buche
das aufrecht wie ein Mensch
etwas in den Pfoten hält
und daran knabbert –
ohne Stress sein
und ohne Schmerz
und ein Buch lesen

2021

Was bleibt / Zum Werk von Cy Twombly

Notizen,
die nicht lesbar sind,
so als habe sich der Gedanke
schon beim Niederschreiben aufgelöst
verflüchtigt. Und dennoch ein Festhalten
an der Schwanzfeder des Vogels,
der entfleucht – vergessene Spuren,
die bald unverständlich geworden
ans Unbewusste kratzen. Unterbrochen,
übermalt, durchkreuzt, gealtert
wie ein Kleid, das am Strand
liegen blieb und sich nun kaum mehr
an den Körper erinnert, der es trug.

2009

174

Zu den Abbildungen:

Ingeborg Bauer, Peter Magiera, „Von der Zeit", 2015:
S.87: „Gezählte Tage", 2013 (a.a.O. S.24)
S.96: „Labyrinth",2009 (a.a.O. S.28)
S.106: „Nacht", 2004 (a.a.O. S.22)
S.170: „Geschenk", 2013 (a.a.O. S.46) – im Besitz der Autorin
S.174: O.T., 1991 (a.a.O. S.52)

Doris Knapp, Stationen (Katalog), kunst-raum haerten, 2003, darin: Ingeborg Bauer: „Briefe. Immer wieder Briefe":
S.14: „Kleine Botschaft", 1999 - , Ätzung
S.38: „Die zweite Seite", 1998 - Ätzung und Aquatinta
S.131: „Tempus fugit", 1999 – Tiefätzung und Aquatinta

Jürgen Marose
S. 100. Im Besitz der Autorin.
Anna Schriever S.53. Im Besitz der Autorin
(Fotos von der Autorin)

Siegfried Bauer
Foto S.66,68,70: Granada, Patio de Leones
Granada Sala de los Abencerrates – Kuppel
S.176: Foto der Autorin

Die dargestellten Ketten (S.3, 12, 74, 124, 138, 164) wurden geschaffen von Jutta von Schaper, fotografiert von der Autorinund sind abgebildet in „Werdende Landschaft",

Fotos, wenn nicht anders angegeben, von der Autorin.
S.20: Migmatisierter Gneis (ausgestellt in Marienbad)

Ingeborg Bauer

Studium der Germanistik und Anglistik. Nach dem Staatsexamen als Studienrätin tätig. Volkshochschuldozentin in Esslingen: Englische Konversationskurse mit den Schwerpunkten: „Englischsprachige Literatur der Gegenwart", „Kunst und Architektur des 20./21. Jahrhunderts". Freiberufliche Mitarbeit in einer Galerie für zeitgenössische Kunst. Vernissagen, Texte für Kataloge, Lyrik u.a. zu Kunst und Künstlern wie Adolf Hölzel und Paul Klee. Reisebücher.

Veröffentlichungen u.a.:

- „Mental Maps" - Lyrik und Kurzprosa (2003)
  ISBN 3-89906-447-X   € 4,80

- „Das Blau des Himmels aber birgt den Engel" - Lyrik (2004)
  ISBN 3-899906-795-9   € 7,80

- „Traumverwandt die Schatten der Dinge" - Lyrik und essayistische Prosa
  ISBN 3-89906-597-2   € 8,80

- „Sommerschwer die Vogelbeerdolden" – Lyrik (2005)
  ISBN 3-899906-596-4   € 8,80

- „Die Melodie des Ölbaums und der Palme" – Reisen in den Maghreb" (2007)
  ISBN 978-3-8334-6807-0   € 11,80

- „Am blauen Rand Europas - Inseln im östlichen Mittelmeer" - Lyrik (2008)
  ISBN 978-3-8379-5744-4   € 11,90

- „Ägyptischer Bilderbogen - Tagebuch einer Ägyptenreise" (2009)
  ISBN 978-3-8370-8722-2   € 25,00

- „Es streift eine dunkle Flöte" (2010)
  ISBN 978-3-8391-4233-2   € 14,80

- „Annette von Droste-Hülshoff – eine Annäherung" (2010)
  ISBN 978-3-8391-4670-5   € 14,80

- „Von Wald, Wasser und Wind und einer bewegenden Geschichte Polen - Baltikum - St. Petersburg" (2011)
  ISBN 978-3-8423-4030-5   € 35,90

- „Im Bannkreis Venedigs - Venedig - Kroatien - Korfu" (2011)
  ISBN 978-3-8423-5850-8   € 24,90

- „Peer Gynt und das menschliche Maß Gedanken zu einer Norwegenreise (2012)
  ISBN 978-3-8448-1092-9   € 19,90

- „Spiegel innerer Räume - Lyrik zu Bildern von Paul Klee (2012)
  ISBN 978-3-8448-1601-3   € 11,90

- „Wege in die Abstraktion – Lyrische Betrachtungen (2013)
ISBN 978-3-7322-3992-4   € 5,90

- „Auch am Rand ist in der Mitte - eine (nicht nur) literarische Reise durch Irland" (2013)
ISBN 978-3-7322-3730-2   € 20,90

- „Ikonen der Kunst – Betrachtungen zur Bildtradition in Ost und West (2014)
ISBN 978-3-7357-2157-01   € 13,99

- „Distel - dornige Schönheit – Auf Spurensuche in Schottland (2015)
ISBN 978-3-7347-8050-9   € 19,99

- „Von der Zeit" - Ingeborg Bauer, Lyrik Peter Magiera, Grafik (2015)
ISBN 978-3-739-224701   € 5,99

- „AugenBlicke Teil I: Augenblicke der Menschheit" (2016)
ISBN 978-3-741-29301-6   € 12,99

- „AugenBlicke Teil II: Gesicht und Auge – Porträt und Maske" (2016)
ISBN 978-3-741-29306-1   € 9,99

- „AugenBlicke Teil III: Das Auge in der Moderne" (2016)
ISBN 978-3-741-29309-2   € 15,99

- „Doris Knapp – Stationen eines Künstlerlebens" (2017)
ISBN 978-3-7448-8359-7   € 6,99

- „PORTUGAL – Lyrisches Kaleidoskop" (2017) –
ISBN 978-3-7448-9052-6   € 11,99

- „INNENRÄUME – INNERE RÄUME – LEBENSRÄUME –
Interieurs in der Malerei in Nord und Süd" (2018) –
ISBN 978-3-7448-9052-6   € 18,99

- „JAHRESZEITEN – Haikus und Tankas" (2020)
ISBN 978-3-7528-5008-6   € 9,99

- „Der Goldene Schnitt Teil I : Kunst und Architektur
– Geometrie der Frühe" (2020)
ISBN 978-3-7526-6949-7   € 19,99

- „Der Goldene Schnitt Teil II : Kunst und Architektur
– Das Bauhaus, seine Vorläufer, seine Strömungen"
(2020)
ISBN 978-3-7526-7279-4   € 13,99

- „Der Goldene Schnitt Teil III: Kunst vor, am und
nach dem Bauhaus" (2020)
ISBN 978-3-7526-7361-4   € 13,99

- „Skulptur im 20. Jahrhundert – Leere als Tiefe"
(2021)
ISBN 978-3-7543-1309-1   € 19,99

- „Drei Maler und die Ostsee – Otto Niemeyer-
Holstein - Lyonel Feininger – Caspar David Friedrich"
(2022)
ISBN 978-3-7557-4997-4   € 10,99

- „Der Mensch in der Skulptur der Moderne"
(2022)
ISBN 978-3-7562-9289-9   € 21,99

- „Von Steinen, Sand und Sternenstaub""
(2022)
ISBN 978-3-7568-3303-0   € 14,99